CONOCE TU GOBIERNO

¿POR QUÉ VOTAMOS?

SANTANA HUNT

TRADUCIDO POR ESTHER SARFATTI

Gareth Stevens
PUBLISHING

ENCONTEXTO

Please visit our website, www.garethstevens.com. For a free color catalog of all our high-quality books, call toll free 1-800-542-2595 or fax 1-877-542-2596.

Cataloging-in-Publication Data
Names: Hunt, Santana.
Title: ¿Por qué votamos? / Santana Hunt.
Description: New York : Gareth Stevens Publishing, 2018. | Series: Conoce tu gobierno | Includes index.
Identifiers: ISBN 9781482462715 (pbk.) | ISBN 9781482462746 (library bound) | ISBN 9781482462722 (6 pack)
Subjects: LCSH: Elections--United States--Juvenile literature. | Voting--United States--Juvenile literature.
Classification: LCC JK1978.H83 2018 | DDC 324.60973--dc23

First Edition

Published in 2018 by
Gareth Stevens Publishing
111 East 14th Street, Suite 349
New York, NY 10003

Translator: Esther Sarfatti
Editorial Director, Spanish: Nathalie Beullens-Maoui
Editor, English: Kristen Nelson
Designer: Samantha DeMartin

Photo credits: Cover, p. 1 Blend Images - Hill Street Studios/Getty Images; series art MaxyM/Shutterstock.com; p. 5 Stock Montage/Archive Photos/Getty Images; p. 7 Orhan Cam/Shutterstock.com; p. 9 Family Business/Shutterstock.com; p. 11 a katz/Shutterstock.com; p. 13 Brent Lewis/Denver Post/Getty Images; p. 15 Douglas Graham/CQ-Roll Call Group/Getty Images; p. 17 (voters) Burlingham/Shutterstock.com; p. 17 (map) Electric_Crayon/Getty Images; p. 19 Lisa F. Young/Shutterstock.com; p. 21 Hero Images/Hero Images/Getty Images; pp. 23, 30 (1870) courtesy of the Library of Congress; p. 25 Barry Williams/Getty Images News/Getty Images; pp. 27, 29 (bottom) Joseph Sohm/Shutterstock.com; p. 29 (top) Ken Wolter/Shutterstock.com; p. 30 (I Voted sticker) icemanj/Shutterstock.com; p. 30 (1920) Everett Historical/Shutterstock.com; p. 30 (1965) Davepape/Wikimedia Commons; p. 30 (1971) Bettmann/Bettmann/Getty Images.

Printed in the United States of America

CPSIA compliance information: Batch #CS17GS: For further information contact Gareth Stevens, New York, New York at 1-800-542-2595.

CONTENIDO

Las palabras del glosario se muestran en **negrita** la primera vez que aparecen en el texto.

UN DERECHO GARANTIZADO

Una de las razones por las cuales los **colonos** querían independizarse de Gran Bretaña era porque no tenían voz en su gobierno. ¡Por eso los Padres Fundadores querían que los ciudadanos de la nueva nación de Estados Unidos tuvieran voto!

SI QUIERES SABER MÁS

En un comienzo, la mayoría de los estados, solo le otorgaban el derecho al voto a los hombres blancos mayores de 21 años. Hoy en día, todos los **ciudadanos** mayores de 18 años pueden votar.

Y A LA REPÚBLICA...

Estados Unidos es una república. En este tipo de gobierno, los ciudadanos votan a la gente que quiere que los **represente**. En Estados Unidos, estos representantes sirven en el Congreso, el cual está compuesto por la Cámara de Representantes y el Senado.

SI QUIERES SABER MÁS

En una república, el pueblo también vota a un líder, como un presidente.

Elecciones en Estados Unidos

Elección es la acción de elegir a alguien por medio de una votación. Hay dos tipos de elecciones principales en Estados Unidos. En las elecciones primarias, se elige a un **candidato** de entre los muchos que quieren representar a un partido político en las elecciones generales.

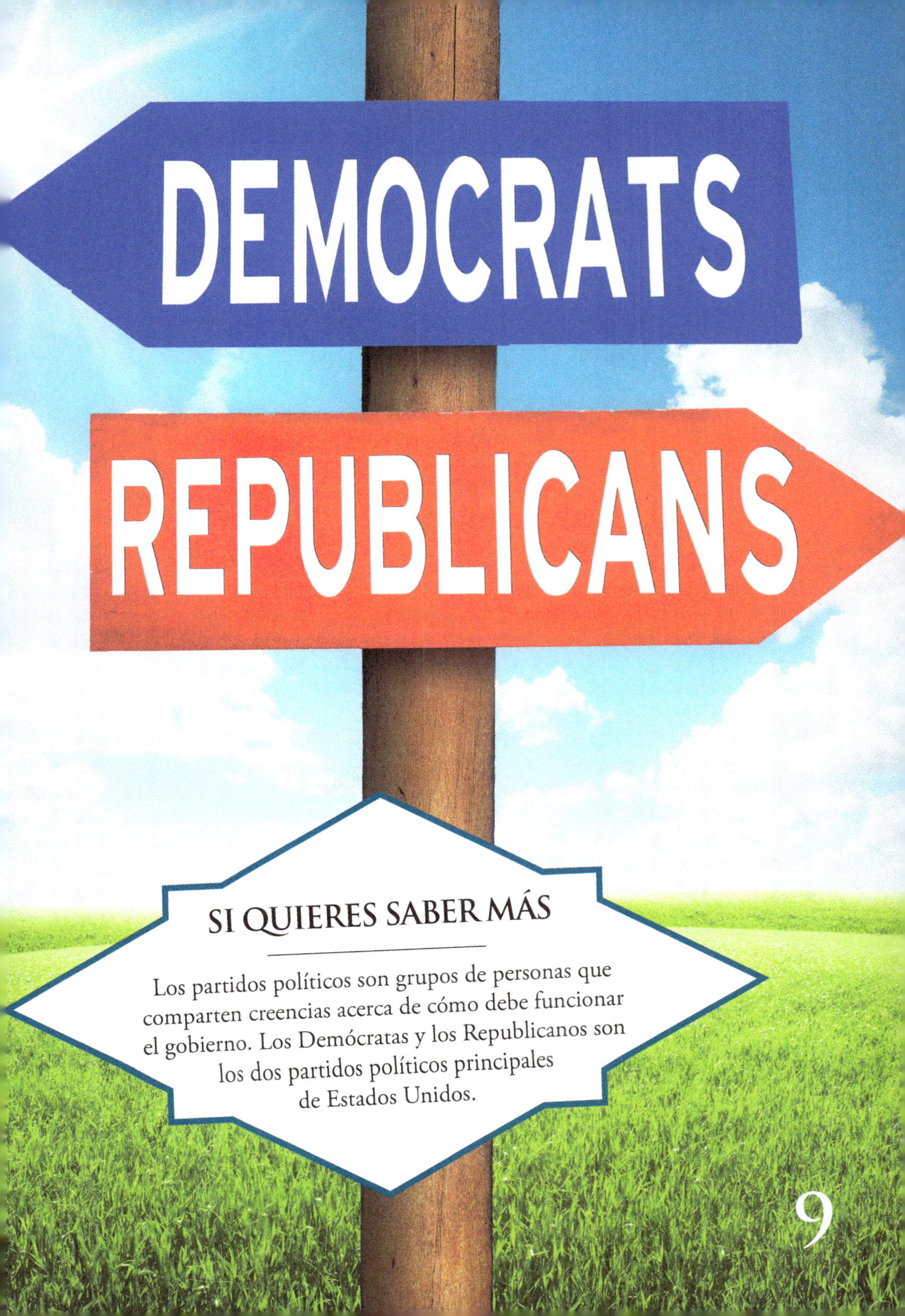

SI QUIERES SABER MÁS

Los partidos políticos son grupos de personas que comparten creencias acerca de cómo debe funcionar el gobierno. Los Demócratas y los Republicanos son los dos partidos políticos principales de Estados Unidos.

En las elecciones generales, los votantes eligen entre los candidatos que han ganado las primarias de los partidos políticos. Después, el ganador de las elecciones generales ocupa el puesto para el cual se presentó, como el de alcalde, por ejemplo.

SI QUIERES SABER MÁS

Durante las elecciones primarias, los miembros de los partidos políticos votan solamente a los candidatos de su propio partido. En las elecciones generales, cualquiera puede votar a cualquier candidato.

BILL DE BLASIO, ALCALDE DE NUEVA YORK

A TODOS LOS NIVELES

Los votantes eligen a las personas que los representarán en el gobierno local, estatal y **federal**. Sea cual sea el tipo de gobierno al que se vote, siempre es importante conocer las ideas de los candidatos. ¡Las decisiones que tome un **funcionario** electo pueden afectar tu vida!

SI QUIERES SABER MÁS

Durante las elecciones locales y estatales, a menudo también se votan las proposiciones de ley, que son medidas que podrían cambiar las leyes estatales.

En las elecciones locales y estatales se decide quién dirigirá las escuelas, quién influirá sobre las leyes locales y quién dará dinero a los negocios. En las elecciones al Congreso se decide quién dará a conocer las necesidades del estado al gobierno federal.

SI QUIERES SABER MÁS

Los funcionarios electos ocupan su cargo un número determinado de años. Esto se llama mandato. En muchos casos, pueden servir durante más de un mandato.

LA REPRESENTANTE
CATHY MCMORRIS RODGERS

VOTAR AL PRESIDENTE

Con una excepción, las elecciones en Estados Unidos se deciden por el voto popular, o sea, por el total de los votos individuales de un lugar. Sin embargo, el presidente y el vicepresidente de Estados Unidos se eligen por el **proceso** del Colegio Electoral.

SI QUIERES SABER MÁS

El Colegio Electoral está formado por electores que prometen votar por cierto candidato. Cuando los ciudadanos votan al presidente, en realidad están votando a estos electores.

VOTOS ELECTORALES DE ESTADOS UNIDOS POR ESTADO

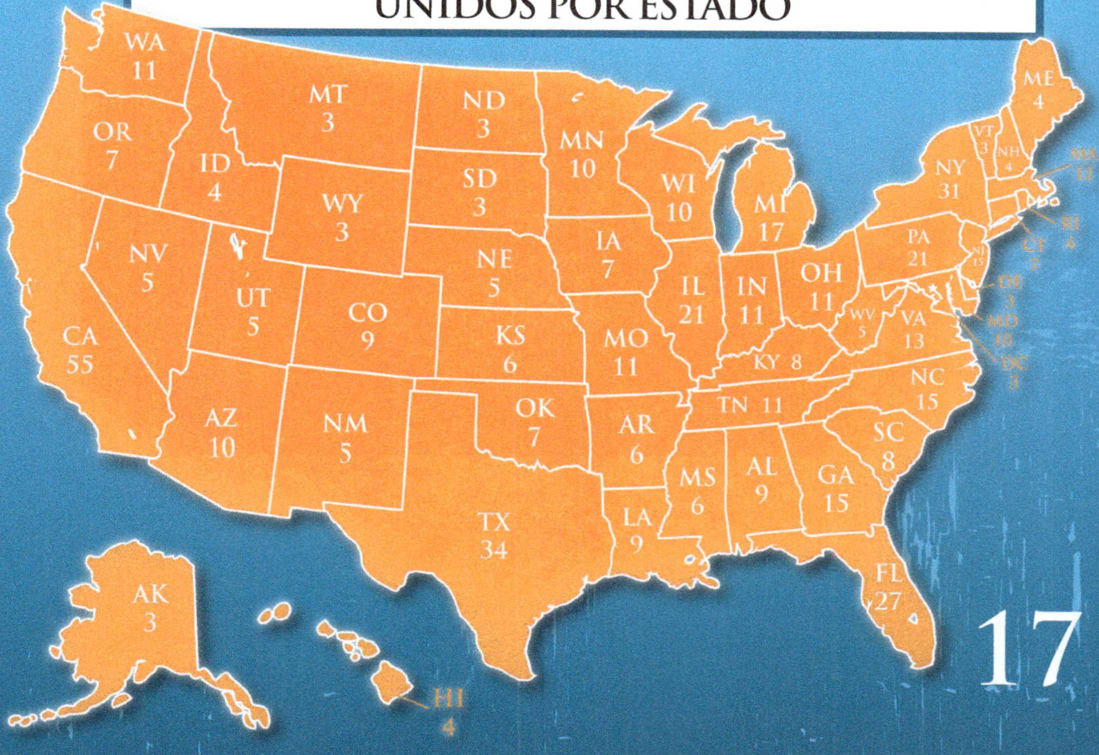

Participación electoral

Las elecciones en Estados Unidos se deciden por voto popular, o por la suma de los votos individuales de un lugar, con una excepción: mediante el proceso establecido por el Colegio Electoral se elige al presidente y al vicepresidente.

SI QUIERES SABER MÁS

En Estados Unidos, la gente joven no suele acudir a votar como lo hacen las personas mayores.

Una razón por la cual algunas personas no votan es porque no están inscritas o registradas para votar. En algunos estados, ¡la gente debe inscribirse meses antes de las elecciones! Muchos opinan que este tipo de leyes hace que menos gente acuda a votar.

SI QUIERES SABER MÁS

Cuando alguien se inscribe para poder votar, también puede afiliarse a un partido político. Esto no es obligatorio, pero los que lo hacen pueden votar en las elecciones primarias de ese partido.

I VOTED
I VOTED

Derechos de los votantes

En algunas épocas de la historia de Estados Unidos, a ciertas personas no se les permitió votar por motivos de **discriminación**. En algunos lugares, los afroamericanos tenían que hacer un examen o pagar para votar. También se ha tratado de impedir que otros **grupos minoritarios** votaran.

SI QUIERES SABER MÁS

Hoy en día, generalmente sigue habiendo más votantes blancos que de otros grupos. Hay gente que trabaja para lograr inscribir a más votantes de grupos minoritarios.

En 1965, la Ley del Derecho al Voto intentó poner fin a la discriminación contra ciertos votantes. Hizo que fuera ilegal tratar de impedir que alguien votara debido a su raza. También declaró ilegal el examinar a una persona para que pudiera votar. Desafortunadamente, todavía hoy en día existe cierto tipo de discriminación.

SI QUIERES SABER MÁS

La discriminación hacia los votantes tuvo lugar principalmente en el Sur. Gracias a la Ley del Derecho al Voto, la participación electoral en esa zona del país aumentó muchísimo.

Tatnall St SW
CYNTHIA
McKinney
CONGRESS
I VOTED!
2 B
CONT...
LEST WE FORGET
KEEP THE VOTE ALIVE!
RAINBOW PUSH COALITION

Un voto por el cambio

Una razón importante por la cual votamos es para producir cambios. Los votos de los ciudadanos no solo sirven para elegir a sus líderes, sino también para efectuar cambios en los líderes que los representan. Si los votantes no están satisfechos con lo que hace el gobierno, ¡pueden usar sus votos para hacerse oír!

SI QUIERES SABER MÁS

Muchas personas creen que es su deber como ciudadanos de Estados Unidos conocer a los candidatos y votar. ¡Así sienten que son parte del proceso político!

¡Apoyar a un candidato no tiene mucho sentido si no votas el día de las elecciones! Normalmente, un solo voto no puede decidir las elecciones, pero si mucha gente sale a votar, entonces el voto sí que cuenta.

SI QUIERES SABER MÁS

Hace mucho tiempo, ¡los partidos políticos daban dinero, comida o incluso animales vivos a la gente para que votara a su candidato!

I Voted
VOTE HERE

HISTORIA DEL DERECHO AL VOTO EN ESTADOS UNIDOS

1870

Los hombres afroamericanos obtienen el derecho al voto.

1920

Las mujeres obtienen el derecho al voto.

1965

Se aprueba la Ley del Derecho al Voto, según la cual no se puede impedir a nadie que vote a causa de su raza, religión, sexo o capacidades.

1971

Se reduce la edad de votar a los 18 años.

GLOSARIO

candidato: alguien que se presenta para un cargo público en unas elecciones.

ciudadano: alguien que vive en un país legalmente y tiene ciertos derechos.

colono: alguien que vive en una colonia, o una tierra que está bajo el control de otro país.

discriminación: el hecho de tratar injustamente y de forma diferente a alguien a causa de su raza o sus creencias.

federal: que tiene que ver con el gobierno nacional.

funcionario: una persona que trabaja para el gobierno o tiene un cargo público.

grupo minoritario: un grupo pequeño de gente que no forma parte del grupo principal de una sociedad. En Estados Unidos, algunos de los grupos minoritarios son los afroamericanos, los nativos americanos y los latinos.

proceso: una serie de pasos o acciones que se llevan a cabo para completar algo.

representar: actuar en nombre de otras personas. Una persona que representa a otros se llama representante.

Para más información

Libros

Lansford, Tom. *Political Participation and Voting Rights.* Broomall, PA: Mason Crest, 2017.

Weiss, Nancy E. *Asking Questions About Political Campaigns.* Ann Arbor, MI: Cherry Lake Publishing, 2016.

Sitios de Internet

PBS Kids: The Democracy Project

pbskids.org/democracy/vote/

Aprende cómo funciona el proceso electoral.

Sitios de Internet: Nota del editor a los educadores y padres: nuestro personal especializado ha revisado cuidadosamente estos sitios web para asegurarse de que son apropiados para los estudiantes. Muchos sitios web cambian con frecuencia, por lo que no podemos garantizar que posteriores contenidos que se suban a esas páginas cumplan con nuestros estándares de calidad y valor educativo. Tengan presente que se debe supervisar cuidadosamente a los estudiantes siempre que tengan acceso al Internet.

Índice